Breakthrough Advertising

in Kapseln

Die Geheimnisse der Copywriting-Legende

Eugene M. Schwartz

INDEX

TEIL 1

1. Das Massenverlangen: Die wahre Kraft der Werbung

Ein Copywriter kann kein Verlangen nach einem Produkt erzeugen. Er kann nur die Hoffnungen, Träume, Ängste und Wünsche, die bereits im Leben von Millionen von Menschen existieren, aufnehmen und auf das zu bewerbende Produkt lenken.

Werbung und der Markt

Werbung ist eine statistische Tätigkeit, da sie sich mit Bevölkerungsprozenten beschäftigt. Der Erfolg von Werbung hängt nämlich von der Anzahl der Personen ab, die unser Produkt (und unseren Preis) als Antwort auf ihr Bedürfnis akzeptieren.

Ein Markt entsteht in dem Moment, in dem ein privates Verlangen von einer statistisch signifikanten Anzahl von Personen geteilt wird, die bereit sind, den Aufwand des Verkaufens der Antwort (des Produkts) auf dieses Verlangen mit einem Gewinn zu belohnen. Dieser Markt kann von einigen tausend Personen oder von zig Millionen Personen geteilt werden.

Wenn man versucht, ein Massenverlangen zu

schaffen, geht es nicht mehr um Werbung, sondern um Bildung und da es nie profitabel genug sein wird, kann sich kein Werbetreibender leisten, mit seinen Anzeigen zu erziehen. Es sei denn, man nutzt stärkere Kräfte, um das Verlangen auf ein Produkt zu lenken.

Die Kräfte, die das Massenverlangen schaffen

Ein Masseninstinkt

Zum Beispiel der Wunsch, gesund zu bleiben oder reich zu werden. In diesem Fall verschwindet der Instinkt nie, das Verlangen ist immer da. Die Aufgabe des Copywriter ist es in diesem Fall, sein Produkt von den anderen auf dem Markt vorhandenen abzuheben.

Ein technologisches Massenproblem

Zum Beispiel Smartphones, die zu schnell leer werden oder die Sicherheit von Online-Zahlungen. Solange das Problem nicht gelöst ist, werden Kunden kaufen und ausprobieren. Der Copywriter muss also das gleiche Versprechen der Erleichterung wie seine Konkurrenten anbieten, aber auf eine neue Art und Weise.

Trends und Bildung

Wir sind ständig in Trends eingetaucht, die

entstehen, wachsen und sterben. In diesen Fällen benötigt der Copywriter Sensibilität, Weitsicht und Intuition. Er muss in der Lage sein zu erkennen, welche Vorteile er hervorheben und welche er in einem bestimmten historischen Zeitraum weglassen sollte, und dies möglichst vor den anderen tun. Es erfordert perfektes Timing, um zu erkennen, wann der Zeitpunkt gekommen ist, an dem die Veränderung relevant wird, aber noch nicht ausgenutzt wurde.

Wie man das Massenverlangen auf ein spezifisches Produkt lenkt

Wähle das mächtigste Verlangen aus, das du auf dein Produkt anwenden kannst

Dafür musst du eines finden, das dringend, wiederkehrend und von der größten Anzahl von Menschen geteilt wird. *Zum Beispiel erfüllt das Sparen bei den Kosten für Rechnungen alle Anforderungen.* Wenn du das falsche Verlangen wählst, kann nichts deine Anzeige retten.

Fasse dieses Verlangen in eine kraftvolle Schlagzeile (Headline) zusammen

Wenn der Kunde dein Produkt bereits kennt und weiß, dass es sein Verlangen erfüllen kann, beginnt die Schlagzeile mit dem Produkt. Wenn er das Produkt nicht kennt, aber sich des Verlangens bewusst ist, beginnt die Headline mit dem Verlangen. Wenn er noch kein richtiges Verlangen hat, sondern nur eine allgemeine Vorstellung vom Problem, wird die Schlagzeile dieses Problem ansprechen und es in Richtung des spezifischen Bedürfnisses lenken, das dein Produkt löst.

Zeige dem potenziellen Kunden, wie die Vorteile deines Produkts dieses Verlangen erfüllen

Jedes Produkt, das du verkaufst, enthält tatsächlich 2 Produkte: das physische Produkt (das Material, aus dem es besteht, seine Form usw.) und das funktionale Produkt (die Vorteile, die sich durch seine Verwendung ergeben). Der physische Teil hat nur Wert, wenn es auch den funktionalen gibt. Kein physischer Teil kann in eine Schlagzeile einfließen, aber er kann später verwendet werden, um die Leistung, die du in der Schlagzeile versprichst, auf folgende Weise zu verstärken:

- indem der Preis gerechtfertigt wird;

- indem die Qualität der Leistung demonstriert wird;

- indem die Dauerhaftigkeit der Leistung versichert wird;

- indem das Bild dieser Leistung im Kopf des Prospekts klarer gemacht wird;

- indem eine neue Glaubwürdigkeitsgrundlage für die Leistungsansprüche des Produkts geschaffen wird.

Deine erste Aufgabe bei der Produktanalyse ist es, die Anzahl der verschiedenen Leistungen, die es enthält, aufzulisten, sie mit den Massenverlangen, die jede davon erfüllt, zu gruppieren und schließlich diejenige auszuwählen, die in diesem historischen Moment die größten Verkaufschancen hat.

2. Das Bewusstseinslevel des Prospects

Der Aufbau einer Anzeige basiert auf drei grundlegenden Fragen:

1. Was ist das Massenverlangen in Bezug auf diesen Markt? (Gesehen in Kapitel 1)

2. Wie viel wissen diese Personen heute über die Vorteile Ihres Produkts im Zusammenhang mit diesem Verlangen? (Das Bewusstseinslevel)

3. Wie viele andere Produkte wurden vor Ihrem auf dem Markt eingeführt? (Der Grad der Ausgereiftheit)

Die Headline

Ihre Headline soll nicht verkaufen. Ihre einzige Aufgabe ist es, Ihren Prospect zu stoppen und ihn davon zu überzeugen, den zweiten Satz der Anzeige zu lesen. Genauso hat der zweite Satz die Aufgabe, zum Lesen des dritten zu motivieren, und so weiter. Je länger der Prospect liest, desto mehr werden Sie verkaufen. Der einzige Fall, in dem die Headline die gesamte Verkaufsarbeit leisten kann, ist, wenn der Prospect bereits aktiv nach dem Produkt einer bestimmten Marke sucht.

Die verschiedenen Bewusstseinsgrade des Prospects

Erste Stufe: Maximales Bewusstsein

Der Kunde kennt das Produkt, weiß, was es tut, und will es haben. Es fehlt ihm nur die Überzeugung, es zu kaufen. In diesem Fall reicht es aus, in der Headline den Produktnamen und den Rabattpreis einzufügen. Der Rest der Anzeige wird die begehrtesten Vorteile zusammenfassen, schließlich den Namen des Geschäfts und/oder einen Gutschein.

Das ist die typische Anzeige eines Kaufhauses oder Discounters. Der Preis ist der wichtigste Teil dieser Headline, null Kreativität seitens des Copywriters.

Zweite Stufe: Der Kunde kennt das Produkt, will es aber noch nicht kaufen

Der Prospect weiß noch nicht genau, was Ihr Produkt alles kann, oder ist nicht von seiner Wirksamkeit überzeugt. Hier muss Ihre Headline eine Richtung aus folgenden Optionen wählen:

- den Wunsch des Prospects nach dem Produkt verstärken, durch sensorische Betonung und

Assoziation;

- die Vorstellung davon klären, wie das Produkt sein Verlangen erfüllt, konzentriert auf das physische Produkt oder dessen Mechanismus;

- seine Vorstellung davon erweitern, wo und wann Ihr Produkt dieses Verlangen erfüllt;

- neue Beweise und Dokumentationen vorstellen, wie Ihr Produkt dieses Verlangen erfüllt, unter Angabe von Daten und Experten;

- einen neuen Mechanismus in diesem Produkt ankündigen, um es besser als die vorherige Version (oder die Konkurrenz) zu machen;

- die Idee oder den Mechanismus dieses Produkts komplett ändern, um es aus dem Wettbewerb mit anderen Produkten, die behaupten, dasselbe Verlangen zu erfüllen, herauszunehmen (siehe die Ausgereiftheit in Kapitel 3).

Dritte Stufe: Wie man neue Produkte einführt

Der Kunde weiß bereits, dass er will, was das Produkt tut, aber er weiß noch nicht, dass Ihr Produkt es für ihn tun wird. Zuerst muss man in der Headline diesem Verlangen (oder der vorgeschlagenen Lösung) einen Namen geben. Sie müssen beweisen, dass diese Lösung erreichbar ist, und dafür ist Ihr Produkt notwendig.

Der erste kritische Punkt in diesem Zustand des

geringen Bewusstseins ist die Analyse: der Markt, die Lokalisierung, die emotionalen Kräfte und das Verkaufspotenzial.

Der zweite ist die Intuition der Trends, bevor sie Mainstream werden.

Schließlich haben wir die verbale Kreativität, die Fähigkeit, dem zu benennen, was noch nicht gut definiert ist.

Vierte Stufe: Wie man Produkte präsentiert, die Probleme lösen

Der Prospect hat kein Verlangen, sondern nur ein Bedürfnis. Er versteht die Verbindung zwischen der Befriedigung seines Bedürfnisses und Ihrem Produkt nicht.

Hier beginnt man damit, dem Bedürfnis und/oder der Lösung einen Namen zu geben, genau wie im vorherigen Absatz. Dann betont man das Bedürfnis fast übertrieben und präsentiert schließlich das Produkt als unvermeidliche Lösung.

Fünfte Stufe (die schwierigste): Völlige Unbewusstheit

Es handelt sich um einen dieser vier Fälle:

- der Prospect ist sich seines Verlangens (oder Bedürfnisses) nicht bewusst;

- oder er wird es sich selbst nie eingestehen, ohne durch Ihre Anzeige geführt zu werden;

- oder das Bedürfnis ist so allgemein, dass es sich nicht in einer einzigen Headline zusammenfassen lässt;

- oder es ist ein Geheimnis, das einfach nicht gesagt werden kann.

Eine Headline, die für die erste Bewusstseinsstufe funktioniert, wird nie für eine andere Stufe funktionieren; das bedeutet, dass man sie nicht weiter verwenden kann, wenn der Markt zu einem neuen Bewusstseinslevel übergeht.

Dieses Bewusstseinslevel gilt nicht nur für völlig neue Produkte. Zum Beispiel, wenn ein Produkt nicht mehr wie früher verkauft und in Vergessenheit gerät, entsteht die Notwendigkeit, es wiedergeboren zu lassen, also muss es sich einem unbewussten Markt stellen.

Die Headline beginnt in diesem Fall mit dem Ausschluss einiger Elemente, die zu nennen keinen Sinn machen würde:

- der Preis;

- der Produktname, besonders im Fall einer Wiedergeburt, zusätzlich zu unnütz kann es schädlich sein;

- eine direkte Aussage darüber, was das Produkt tut und welches Problem es löst, denn in der Headline platziert, wird einfach nicht geglaubt.

Indem man diese Elemente ausschließt, bleibt nur eine Sache, auf die man sich in Ihrer Headline konzentrieren kann, der Markt und der mentale

Zustand, in dem sich der Prospect befindet. Es ist eine Identifikations-Headline, Sie definieren Ihre Zielgruppe, Sie müssen weder verkaufen noch etwas versprechen. Die einzige Funktion dieser Headline ist es, Neugier zu wecken, um mehr zu lesen. In der Entwicklung der Anzeige folgt eine Reihe logischer Bilder, die zu einer allmählichen Bewusstwerdung über das Problem und seine Lösung, Ihr Produkt, führen.

Diese Headline muss zu einer definierten Gruppe von Personen sprechen und genauso viele ausschließen, das ist die Grundregel der Identifikation.

3. Die Ausgereiftheit deines Marktes

Die Marktausgereiftheit beantwortet die Frage: „Wie viele Produkte wurden bereits vor deinem vorgestellt?". Auch hier haben wir 5 Ausgereiftheitsstufen.

Erste Stufe: Wenn du der Erste auf deinem Markt bist

Hier haben potenzielle Kunden noch keine Ausgereiftheit bezüglich deines Produktes entwickelt, sie wissen nichts über die Kategorie. Das kann im Fall einer technologischen Revolution, einer radikalen Verbesserung eines bereits existierenden Produkts oder eines bekannten Produkts zu einem außergewöhnlichen Preis geschehen. Es kann auch passieren, wenn eine völlig andere Verwendung für ein bereits bekanntes Produkt gefunden wird oder wenn ein bisher übersehener Vorteil entdeckt wird.

Deine Headline der ersten Stufe sollte einfach, direkt, nicht extravagant sein; du musst das Bedürfnis feststellen und dramatisieren, um dann dein Produkt zu präsentieren und zu demonstrieren, dass es funktioniert. *Z.B.: Entferne sofort peinliches Fett!*

Zweite Stufe: Wenn du der Zweite bist

In diesem Fall funktioniert das Versprechen noch, muss aber übertrieben werden, um die Konkurrenz zu schlagen. *Z.B.: Verliere 10 Kilo in 2 Wochen, Zufriedenheit garantiert oder Geld zurück!*

Diese exponentielle Übertreibung führt zwangsläufig zu einem Glaubwürdigkeitsverlust auf lange Sicht, und der Kunde wird skeptisch.

Dritte Stufe: Gelangweiltes und misstrauisches Publikum

Die Kunden kennen deine Produkte und die der Konkurrenz gut, haben aber Schwierigkeiten, sie zu unterscheiden.

Das Massenverlangen existiert noch, kann aber nicht mehr mit den alten Methoden genutzt werden. Es braucht einen neuen Weg, um dieses alte Verlangen zu befriedigen. In dieser Phase brauchst du einen neuen Mechanismus, es geht nicht darum, was das Produkt macht, sondern wie es das macht. Dieser neue Mechanismus muss in der Headline enthalten sein, um sich sofort von den Wettbewerbern zu unterscheiden.

Vierte Stufe

In wenigen Monaten geht es von der dritten zur

vierten Stufe. Wenn ein Wettbewerber gerade (erfolgreich) einen neuen Mechanismus eingeführt hat, um das gleiche Versprechen deines Produkts zu erfüllen, hier ist, was zu tun ist:

- vertiefe den Mechanismus;

- mache ihn einfacher und sicherer;

- verspreche zusätzliche Vorteile.

Die vierte Stufe ähnelt, wie du vielleicht bemerkt hast, der zweiten, konzentriert sich dieses Mal aber auf den Mechanismus statt auf das Versprechen. Auch in diesem Fall wird man mit der Zeit immer unglaubwürdiger. Am Ende wird der Markt müde von deinen Versprechen und deinen Mechanismen sein.

Fünfte Stufe: Wie man ein totes Produkt wiederbelebt

Hier ist die Strategie die gleiche wie bei der fünften Stufe des Bewusstseins (Kapitel 2) und basiert auf Identifikation, wobei Versprechen und Mechanismus in den Hintergrund treten.

4. Wie eine Idee entsteht

Die 3 Ebenen der Kreativität

Die erste ist die Technik des Wortersatzes. Diese Ebene ist am wenigsten effektiv, da sie sich darauf beschränkt, eine bereits von anderen geschriebene Headline zu kopieren, indem einfach der Produktname ersetzt wird. Dadurch verliert sie an Kraft, weil sie die einzigartige Beziehung zwischen Produkt, Markt und Moment nicht berücksichtigt.

Die zweite ist die Verwendung von Formeln. Der Copywriter hat eine Reihe von Regeln auswendig gelernt, die er mehr oder weniger mechanisch in den Aufbau seiner Anzeige einfügt.

Der dritte Ansatz, der effektivste, basiert auf einer Reihe von Fragen und Richtlinien und hat keine vorgefertigten Antworten. Es ist gerade diese tiefgehende Analysearbeit, die es ihm ermöglicht, seine maximale Kraft zu erreichen. Es gibt keine kreativen Abkürzungen, jeder kann kopieren.

Aus diesem Grund kann ein wahrer Copywriter niemals durch Chat GPT ersetzt werden, der seiner Natur nach auf den Ebenen 1 und 2 beschränkt ist.

Motivationsforschung und Copy

Wir haben bereits über die Wichtigkeit des Marktverständnisses für den Copywriter gesprochen. Eine Möglichkeit, dies zu tun, ist durch Motivationsforschung (Interviews, Umfragen usw.), indem man Wünsche, Bedürfnisse und Trends untersucht. Das Ziel der MR ist es, eine Richtung für deine Anzeige vorzugeben, indem sie zeigt, wohin es geht (und wohin nicht).

In diesem Moment befinden wir uns an der Quelle der Idee, jetzt liegt es am Copywriter, sie zu transformieren und durch erhebliche kreative Anstrengung zu konkretisieren.

Die Persönlichkeit eines Produkts

Jedes Produkt hat eine eigene, für den Verbraucher oft komplexe und facettenreiche Persönlichkeit. Deine Aufgabe als Copywriter ist es, das wichtigste und vom Publikum anerkannte Merkmal zu identifizieren und in der Headline hervorzuheben. Nachdem die Persönlichkeit in der Headline vereinfacht und geschärft wurde, kann sie im Verlauf der Anzeige auf andere Merkmale ausgeweitet werden.

Die präventive Headline

Die Regel besagt, dass der Prospect sich nicht mit einem Problem identifizieren kann, das ihm noch nicht präsentiert wurde. Das gilt jedoch nur für Probleme, die ihn persönlich betreffen. Tatsächlich wird der Prospect sich leicht in die Probleme hineinversetzen können, die seine Lieben, Freunde und sogar seine Nation betreffen.

Auf diesem Prinzip basieren beispielsweise alle Lebensversicherungswerbungen, die die Schrecken darstellen, die dem Partner oder den Kindern zugefügt werden. Hier wird die präventive Headline funktionieren.

Die Marktsegmentierung

Bisher sind wir davon ausgegangen, dass jeder Wettbewerber in einem bestimmten Markt versuchen wird, für den gesamten Markt zu werben. Das ist nicht notwendigerweise wahr.

Nehmen wir den Gewichtsverlust: Es gibt mindestens zwei verschiedene Kundentypen. Diejenigen, die aus gesundheitlichen Gründen abnehmen wollen, und diejenigen, die es nur aus ästhetischen Gründen tun. Der Appeal wird derselbe sein (Gewicht verlieren), aber die Mechanismen sollten variieren – Sicherheit und Dauerhaftigkeit für die erste, Schnelligkeit und Einfachheit für die zweite.

Zweitens könnte ein kleines Unternehmen mit begrenztem Budget bessere Ergebnisse erzielen, indem es sich eine Marktnische schneidert, um direkte Konkurrenz mit etablierten Branchenführern zu vermeiden. Wenn die Kampagne erfolgreich ist, kann man später versuchen, den Markt zu erweitern, indem man diesen Erfolg als Differenzierungspunkt nutzt, um sich an den breiteren Markt zu wenden.

Beispiel: Das bevorzugte Supplement von Frauen mit Fettleibigkeit.

Schlussfolgerung erster Teil

In diesen ersten Kapiteln haben wir einen Analyseprozess des Marktes beschrieben, der sogar Monate dauern kann. Sobald die emotionalen Kräfte identifiziert und in deine Lösung (dein Produkt) kanalisiert sind, gelangt man zum zweiten Teil des Buches.

Jetzt ist es an der Zeit, das zu bewerbende Produkt gründlich kennenzulernen, was es ist und was es tut. Du musst alle Arten, wie es Bedürfnisse erfüllt, in einem einzigen Bild, einer einzigen Aussage konzentrieren, die die größte emotionale Kraft in deinem Markt darstellen wird, die Headline.

Die Worte, die du für deine Headline wählst, machen etwa 90% deiner Anzeige aus. Wenn du richtig liegst, kannst du einen neuen Sektor schaffen. Wenn du dich irrst, kann nichts deine Anzeige retten.

Erinnere dich immer an diese Grundregel der Kreativität:

Was du in diesem Produkt und diesem Markt suchst, ist das Element, das sie einzigartig macht. Die Idee, die du willst, ist in diesem Produkt und diesem Markt enthalten. Keine externe Formel wird sie dir geben, weil du dich mit einer Produkt-Markt-

Beziehung auseinandersetzt, die es zuvor nie gegeben hat.

Dieser erste Teil des Buches zielt darauf ab, dir einen Kompass zu geben, keine Wort-für-Wort-Formeln zum Kopieren. Die vorgestellten Regeln werden dir helfen, das zentrale Thema deiner Anzeige zu finden und es in deiner Headline zu erzählen.

Im zweiten Teil werden wir uns mit den Schreibtechniken befassen, um Überzeugung zu schaffen und das Verlangen zu verstärken.

TEIL 2

5. In das Innere des Prospects

An diesem Punkt hast du bereits die Headline gefunden, die die Aufmerksamkeit deines Kunden einfangen kann. Von diesem Moment an hängt das Verkaufspotenzial ganz vom Körper der Anzeige ab. Tauche den Prospect in eine neue Welt, in der dein Produkt als die Erfüllung des Verlangens erscheint, das ihn dazu gebracht hat, die Headline zu lesen.

Die Struktur der Anzeige muss notwendigerweise von den 3 Faktoren ausgehen, die im Inneren des Prospects vorhanden sind.

1. Wünsche

Diese können von 3 Arten sein:

- Physisch, wie der Wunsch, schlank, stark, gesund usw. zu sein.

- Materiell, wie der Wunsch, Geld, ein schönes Auto usw. zu besitzen.

- Sensorisch, wie das Verlangen nach einem eiskalten Bier oder dem Wunsch, sich auf ein weiches Bett zu legen.

Wünsche können weder erschaffen noch zerstört werden; sie existieren einfach. Die Aufgabe des Copywriters ist es, sie zu erweitern, zu schärfen und ihnen einen Zweck zu geben.

2. Identität

Dies sind Wünsche, die den symbolischen Bereich betreffen, den sozialen Status und normalerweise nie offen deklariert werden. Sie vervollständigen und intensivieren die physischen Wünsche, so dass jeder Kauf ein doppeltes Ziel hat. Zum Beispiel wird der Kauf eines Luxusgutes nicht nur wegen der Qualität des Produkts getätigt, sondern auch wegen dessen, was es anderen kommuniziert; es ist eine Projektion von Prestige und persönlichem Erfolg.

Diese Wünsche müssen mit deinem Produkt in Verbindung gebracht werden, indem sie unmittelbar nach dessen Erwähnung eingeführt werden, um den Prospect in die Welt der Menschen einzuladen, die dein Produkt bereits verwenden.

3. Überzeugungen

Dies sind die Meinungen und Vorurteile, in denen dein Prospect lebt. Es ist die Welt der emotionalen Vernunft, in der er wohnt, die Ideen und Werte, die Teil seiner Realität sind.

Der Zweck der Werbung ist es nicht, sie

herauszufordern; Werbung ist keine Bildung und muss daher die Realität so akzeptieren, wie sie ist. Der einzige Weg, sie zu versuchen zu ändern, ist nicht, sie direkt anzugreifen, sondern ihre Tendenzen auszunutzen und ihre Energien zu kanalisieren.

Glauben ist ein Prozess der Anpassung neuer Fakten an etablierte Denk- und Überzeugungsmuster. Diese Überzeugungen schaffen einen Filter, durch den Informationen über Produkte akzeptiert oder abgelehnt werden. Sobald du die Überzeugungen des Prospects verstanden hast, kannst du deren Logik nutzen, um zu demonstrieren, dass:

- dein Produkt seine Wünsche erfüllt;

- Menschen wie er dem Produkt vertrauen;

- kein anderes Produkt seine Bedürfnisse so gut erfüllt.

In den folgenden Kapiteln werden wir die 7 Mechanismen der Überzeugung sehen.

6. Die Intensivierung

Wir haben gesehen, dass das Massenverlangen die wahre Kraft der Werbung ist. Die Kunst des Verkaufens liegt in der Steigerung dieses Verlangens, selbst über Hindernisse wie Skepsis und Preis hinaus.

Oft sind diese Wünsche im Geist des Prospects nicht klar definiert, tatsächlich ist es die Aufgabe des Copywriters, sie durch Vorstellungskraft und Begeisterung konkret zu machen.

Je klarer und wirkungsvoller die Bilder sind, desto mehr wird der Kunde dein Produkt wollen und desto unwichtiger wird der Preis.

Der Raum, den du dieser Intensivierung geben kannst, hängt vom Medientyp ab.

Um deine Botschaft anzupassen, musst du eine dieser Techniken (oder beide) verwenden:

- Komprimierung. Die Zusammenfassung von Projektionen und Bildern in wenigen Schlüsselwörtern;

- Kampagne. Die Wiederholung dieser Schlüsselwörter mit einer schrittweisen Differenzierung und Verschönerung durch eine Serie von miteinander verbundenen Werbungen.

Auch wenn genügend Platz vorhanden ist, ist es immer wichtig, nicht repetitiv oder langweilig zu wirken.

Das erste Hindernis ist die Menge an Material, die der Kunde bereits über ähnliche Produkte gesehen hat, was Langeweile beschleunigen könnte.

Das zweite Hindernis ist die Sprache deiner Anzeige; du kannst nicht wiederholen, aber verstärken. Jedes Mal, wenn du der Basisversprechen einen neuen Kontext gibst, verstärkst du die vorherigen Beschreibungen, indem du den potenziellen Kunden einbindest.

In den folgenden Absätzen werden wir alle 13 Schritte des Intensivierungsprozesses erkunden.

1. Die erste Präsentation deiner Behauptungen

Zuerst präsentiere das Produkt oder seine Vorteile direkt mit einer detaillierten Beschreibung seines Aussehens oder der Ergebnisse, die es liefert.

2. Setze deine Behauptungen in die Praxis um

Erweitere dieses Bild nun, indem du das Produkt in Aktion setzt, nicht nur sein Aussehen und seine Vorteile zeigst, sondern genau seinen Mechanismus erklärst.

3. Beziehe den Leser mit ein

Wenn es dein Produkt erlaubt, setze den Prospect in die Mitte der Geschichte mit dem Produkt in Aktion und gib ihm eine Vorstellung davon, was am ersten Tag passieren wird, wenn er es in den Händen hält.

4. Zeige ihm, wie er deine Behauptungen testen kann

Verwandle die Demonstration in einen Test. Ermögliche es dem Prospect, sich einzufühlen, während er dein Produkt ausprobiert und sofortige Vorteile durch spezifische und dramatische Bilder erhält.

5. Erweitere die Vorteile über die Zeit

Zeige das Produkt bei der Arbeit, nicht nur für eine Stunde oder einen Tag, sondern über Wochen oder sogar Monate hinweg.

6. Füge ein Publikum hinzu

An diesem Punkt können andere Akteure neben dem Leser auftreten, die eine neue Perspektive auf das Produkt bieten. Es kann sich um Prominente handeln, die ihre Erfahrungen durch ein Testimonial erzählen, oder um gewöhnliche Menschen, mit denen sich der Leser identifizieren kann.

7. Zeige die Zustimmung von Experten

Das Staunen von Experten und Fachleuten der Branche macht immer Eindruck. Kombiniere Überraschung, Wettbewerb und Entdeckung, um das Bild mächtiger zu machen.

8. Vergleiche, kontrastiere und demonstriere Überlegenheit

Der Wettbewerb kann in einen Vergleich umgewandelt werden. Die Nachteile des alten Produkts und Dienstes können mit den Vorteilen des neuen verglichen werden, um dessen Überlegenheit zu unterstreichen.

9. Zeige die Schattenseiten

Betone und verschärfe das Problem, das du dann mit deinem Produkt lösen wirst. Auf diese Weise verstärkst du die Abneigung gegen das Problem (oder die zuvor verwendeten unzureichenden Produkte) und erhöhst die Anziehungskraft der durch das Produkt gebotenen Lösung.

10. Zeige, wie einfach es ist, diese Vorteile zu erlangen

Alle Eigenschaften des Produkts, die das Leben des Kunden beeinflussen, bieten dir eine weitere Perspektive, in der du seine Vorteile (Einfachheit der Verwendung, Preis, Transport usw.) wiederholen und betonen kannst.

11. Verwende Metaphern, Analogien und Vorstellungskraft

Begnüge dich nicht mit der einfachen Darstellung der Fakten. Dank der Vorstellungskraft können dieselben Fakten dramatischer präsentiert werden.

12. Abschließende Zusammenfassung

An diesem Punkt könnte es nützlich sein, alle wichtigen Vorteile zusammenzufassen und zu betonen. Die zwei signifikantesten Synthesesysteme sind:

- horizontale Auflistung, erweitert das Verlangen, indem mehr Anwendungen und Verwendungen einbezogen werden (das klassische Alles-in-einem);

- vertikale Auflistung, vertieft und vergrößert ein spezifisches Verlangen.

Die horizontale Auflistung ähnelt einem Feuerwerk, einer Art letzter Chance, den Prospect zu überzeugen, indem gleichzeitig mehrere Appeals getroffen werden. Zu Beginn der Anzeige hast du ein einzelnes Verlangen verstärkt, während du jetzt seine unendlichen Möglichkeiten auflistest in der Hoffnung, den Verkauf abzuschließen.

13. Setze deine Garantie in Gang

Wenn du schließlich deinen Kunden zum Handeln aufforderst, kannst du die Bedingungen deiner Garantie darlegen, indem du sie zum Höhepunkt deiner Anzeige machst.

Unterschied zwischen Kampagnen und Direktwerbung

Die Direktwerbung konzentriert all diese Elemente (oder fast alle) in einer einzigen Anzeige, sagt alles auf einmal. Während die Direktwerbung dazu neigt, neue Produkte kurzfristig vorzustellen, befasst sich die nationale Werbung mit der langfristigen Förderung (in der Regel von Produkten mit einer bereits etablierten und bekannten Geschichte).

Nationale Werbung muss auch ständig das Image ihres Produkts im Kopf des Prospects halten und verliert daher aufgrund ihrer Häufigkeit schnell an Originalität.

Die Dauer und die Frequenz erfordern einerseits, einen roten Faden für alle Werbungen zu halten (identifizierbares dominantes Bild) und andererseits eine regelmäßige Variation, um das Publikum im Laufe der Zeit nicht zu langweilen und das Verlangen zu verstärken. Es geht darum, eine Reihe von Variationen oder Perspektiven dieses Hauptbildes zu präsentieren, um den Prospect anzuziehen, der sie als unterschiedlich und neu wahrnimmt.

Manchmal erscheint das dominante Bild überhaupt nicht, sondern ist nur der rote Faden der Kampagne, die entweder den Appeal des Produkts oder sogar das Produkt selbst sein kann (siehe die berühmte Think Small-Kampagne von Volkswagen).

7. Die Identifikation

Die meisten Wünsche und Bedürfnisse sind ziemlich offensichtlich; das Verlangen nach Identifikation hingegen ist hinterhältig und manchmal unbewusst. Immer öfter wird es ein wichtiger Teil des Kaufmotivs, weshalb es mittlerweile unerlässlich ist, die eigene Identifikation deines Produkts aufzubauen.

Die Rollen, die dein potenzieller Kunde wünscht

Die Identifikation ist im Wesentlichen das Verlangen deines Prospects, bestimmte Rollen in seinem Leben zu spielen. Die Rolle des Copywriters ist zweifach:

- das Produkt in das Werkzeug zu verwandeln, um diese Rollen zu erreichen;

- das Produkt in eine Anerkennung zu verwandeln, dass diese Rollen bereits erreicht wurden.

Jedes Produkt sollte zwei Gründe zum Kauf in sich vereinen: einen physischen, der das Bedürfnis befriedigt, und einen anderen, der die Rolle identifiziert.

Zum Beispiel kauft nur der Arme Essen ausschließlich, um sich zu sättigen. Die anderen wählen basierend auf Trends (um modisch zu wirken) oder auf dem Fettgehalt (in der Hoffnung, fit und gesund zu bleiben).

Man kauft nicht mehr Objekte, sondern Rollen. Diese Rollen lassen sich in 2 Kategorien einteilen: Charakter und Erfolg.

Die Rollen, die den Charakter definieren

Sie sind oft Teil der Persönlichkeit des Prospects: schick, gebildet, brillant, attraktiv...

Das Erreichen dieser Rollen allein ist nicht genug. Wenn sie nicht erkannt und bewundert werden, sind sie sinnlos, deshalb muss dein Produkt auch diese überfunktionalen Werte enthalten, die über die materielle Befriedigung hinausgehen. Diese Symbole fügen einen zusätzlichen Kaufanreiz hinzu.

Jedes Produkt kann von der Fähigkeit profitieren, eine Rolle zu verleihen, aber in einigen Fällen ist diese Eigenschaft sogar wichtiger als die eigentliche Leistung des Produkts (modische Kleidung, Parfums...).

Während die Behauptung einer Leistung eine physische Demonstration erfordert, kann dies im Fall von Rollen nicht geschehen, da sie ihrer Natur nach mehrdeutig sind. Deshalb wird der Prospect eher geneigt sein, der subliminalen Botschaft zu glauben, attraktiver oder gebildeter zu wirken; es ist eine leichte Akzeptanz.

Rollen, die den Erfolg definieren

Präsident, Doktor, Ingenieur, Manager, Führungskraft Self-made man, Influencer, Trendsetter usw. (Einige dieser Titel wurden angepasst).

Jede dieser Rollen ist ein Ziel, das erreicht, aber vor allem allen durch die Produkte, die wir verwenden, und die Objekte, die wir besitzen, gezeigt werden soll. Wie zum Beispiel das Auto zu wechseln oder ein größeres Haus oder in einem besseren Viertel zu kaufen, sobald man eine wichtige Beförderung erhalten hat.

Wie man diese Wünsche für dein Produkt arbeiten lässt

Zuerst musst du genau herausfinden, welche Art von Rollen der Prospect bereit ist, mit deinem Produkt zu identifizieren, und welche dieser Rollen am überzeugendsten ist.

Im Allgemeinen können wir zwischen 2 Produktkategorien unterscheiden:

- solche mit inhärentem Prestige (Sportwagen, Pools, Schmuck);

- solche ohne inhärentes Prestige.

Im ersten Fall ist es einfach, du musst nur die Identifikationskanons respektieren, die bereits im Produkt vorhanden sind. Im zweiten Fall hingegen liegt es an dir, ihr Prestige zu schaffen, und du musst dies tun, indem du die Eigenschaften des Produkts als Brücke zwischen dem Produkt, seinem aktuellen Bild und dem Prestigebild, das du repräsentieren möchtest, nutzt.

Das primäre Bild deines Produkts

Eine Zigarette ist in den Köpfen aller männlich, ein Kolbenringdichtung symbolisiert für fast alle Männer Präzision und mechanische Schönheit. Dies sind einige Beispiele für ein primäres Bild, das bereits im Geist deiner Prospects vorhanden ist.

Deine Aufgabe ist es, von diesen bereits akzeptierten Bildern auszugehen und darauf eine Reihe von verbundenen Bildern zu bauen, um den Identifikationsappeal des Produkts zu vervielfachen. Du kannst dies tun, indem du die Intensität deines primären Bildes änderst:

- im Fall eines akzeptablen Bildes kannst du es betonen oder dramatisieren;

- wenn das Bild negativ ist, kannst du es abschwächen, aber du kannst es nicht ignorieren oder gewaltsam durch ein positives ersetzen.

Um glaubwürdig zu sein, musst du immer von dem bereits vorhandenen kollektiven Imaginären ausgehen.

Wie man neue Bilder mit deinem Produkt verbindet

Dies ist ein zweistufiger Prozess:

1. Änderung der Intensität des primären Bildes (siehe vorheriger Absatz);

2. Nutzung des Bildes als logische Verbindung, um so viele günstige Bilder wie möglich anzuknüpfen.

Viele visuelle Symbole kommunizieren gleichzeitig verschiedene Rollen mit großem Appeal. Zum Beispiel kann das Eigentum an einem schönen Gemälde sowohl Erfolg als auch Kultur und Intellekt ausdrücken.

Diese Symbole erweitern daher die Reichweite des Marktes, indem sie neue emotionale Appeals einbeziehen, die:

- einerseits auch diejenigen faszinieren, die bis dahin unentschlossen über die funktionalen Aspekte deines Produkts waren;

- andererseits die Anziehung für diejenigen verstärken, die bereits Zielgruppe waren.

Die Identifikation, die vom physischen Produkt ausgeht

Das physische Produkt kann in drei Bereiche

unterteilt werden:

1. sein Aussehen;

2. seine Komponenten und seine Struktur;

3. der technische Hintergrund, aus dem es entstanden ist.

In jedem dieser Bereiche könntest du starke primäre Bilder finden, die bereits existieren.

Zum Beispiel, im Fall von Chemikalien, die kein besonderes Aussehen haben, ist es entscheidend, die Verpackung gut zu studieren.

Hier gibt es keine Bilder, die aus dem funktionalen Aussehen entstehen, also musst du im Hintergrund oder in den Komponenten oder in den Werten der Gesellschaft graben.

Ein markantes Beispiel war das Mundwasser Micrin J&J, das auf den ersten Blick seine Überlegenheit durch die Verwendung von Glasbehältern kommunizierte, die man in Arztpraxen oder Operationssälen finden konnte.

Wenn der Hintergrund deines Produkts Elemente enthält, die starke Emotionen, Qualität oder Glaubwürdigkeit für den Prospect inspirieren, dann sollten diese Elemente im Produkt, in der Verpackung oder in seiner Werbung ausgedrückt werden.

Das Leben des durchschnittlichen Menschen ist monoton; biete ihm die Teilnahme an den Grenzexplorationen unserer Welt an, und du wirst einen mächtigen Appeal für dein Produkt schmieden.

8. Die Gradualisierung

Bisher haben wir ausführlich über die Bedeutung von Verlangen und Identifikation gesprochen. Doch diese beiden großen emotionalen Kräfte sind nichts ohne eine dritte, den Glauben, also die Verschmelzung von Verlangen und Überzeugung. Der Bedarf zu glauben ist tatsächlich eine emotionale Kraft, die einem physischen Bedürfnis gleichkommt.

Die meisten unserer Überzeugungen haben sich bereits in unserer Kindheit gebildet, deshalb wird das plötzliche Aufgeben dieser Überzeugungen kein bemerkenswertes Ergebnis produzieren. Wenn du die Überzeugungen deines Prospects verletzt, kann kein Versprechen deine Anzeige retten.

Wenn du jedoch die Kraft seines Glaubens in deine Botschaft kanalisieren kannst, wirst du mehr verkaufen als jeder andere.

Baue eine Brücke des Glaubens zwischen den bereits im Kopf des Prospects vorhandenen Überzeugungen und den neuen Überzeugungen, die du ihn akzeptieren lassen willst, auf logische und schrittweise Weise. Damit hast du den Prozess der Gradualisierung realisiert, den dritten Überzeugungsprozess.

Die Gradualisierung bestimmt nicht den Inhalt deiner

Anzeige, sondern deren Struktur.

Eine neue Definition des Bewusstseins

Gradualisierung ist die Kunst, deine Anzeige mit einem Satz zu beginnen, der sofort akzeptiert wird, und darauf eine Reihe von nachfolgenden Akzeptanzen aufzubauen. Das Ziel ist, den Prospect zu einem Endziel zu führen, das er ohne diese vorläufigen Aussagen schwerlich akzeptiert hätte.

Deshalb muss deine Headline nicht nur Interesse und Verlangen wecken, sondern von Anfang an auch wahr erscheinen.

Aus diesem Grund kannst du nicht immer die stärkste Behauptung in deiner Headline verwenden, da sie ohne vorherige graduelle Unterstützung durch logisches Denken oder andere Beweise nicht glaubwürdig sein könnte.

Letztendlich ist Gradualisierung die Kunst, eine Behauptung so zu formulieren, dass sie die höchste Glaubwürdigkeit und Akzeptanz beim Prospect erreicht. Die meisten Copywriter versuchen, die Anzeigen durch das Aufstapeln von Versprechen nach dem anderen zu verstärken, während es viel besser wäre, die Glaubwürdigkeitsstruktur des ursprünglich zulässigen Versprechens zu stärken. Sehen wir uns an, wie dies auf sechs Arten möglich ist:

1. Die Einbeziehungsfrage. Zeige dem Prospect, dass du von ihm sprichst, nicht von jemand

anderem. Dies schafft sofortige Identifikation. „Ist dir jemals... passiert?";

2. Detaillierte Identifikation. Anstatt direkte Fragen zu stellen, beschreibe detailliert die Probleme, die der Grund sind, warum der Prospect dein Produkt wünscht. Teile dem Prospect mit, dass du die Probleme kennst, weil du sie selbst erlebt hast, deshalb sind deine Ratschläge wertvoll; du hast eine Antwort auf seine Probleme gefunden.

3. Widerlegung der (falschen) aktuellen Überzeugungen. Hier gehst du direkt zur Sache, ohne Umschweife: „Ich weiß, du denkst, das ist wahr, aber ich werde dir beweisen, dass es falsch ist." Funktioniert sehr gut, wenn derjenige, der es sagt, eine starke Autorität besitzt.

4. Die logische Sprache. Das Ziel ist es, gleichzeitig Glauben und Verlangen zu schaffen. Zu glauben, was du versprichst, sollte ein natürlicher und logischer Prozess sein, wähle Worte, die die Güte deiner Argumentation zeigen (logischerweise, folglich, der Grund, die Lösung, zweifellos, etc.).

5. Der Syllogismus. Hier beweist du, dass dein Produkt durch detaillierte Argumentation funktioniert. Der Prospect ist überzeugt, dass das Produkt funktionieren muss.

6. W e i t e r e   Ü b e r z e u g u n g e n. Kontingenzstrukturen (Wenn... dann...),

Wiederholung des Beweises (Experten haben entdeckt... Experten haben entdeckt), Versprechen-Glaube-Variation des Versprechens (nach jedem Versprechenssatz folgt ein Beweis), parallele Paragrafenstruktur (gleiche Wortstruktur, die zyklisch wiederholt wird).

9. Die Neudefinition

Einige Produkte weisen eine Reihe von Mängeln auf, die, wenn sie nicht aktiv neu definiert werden, unweigerlich den Verkauf töten werden. Es gibt drei allgemeine Kategorien von Mängeln, und für jede davon gibt es eine Art der Neudefinition, die praktiziert werden sollte.

1. Vereinfachung eines komplizierten Produkts

Im Fall eines Reparaturhandbuchs für Fernseher in den 1950er Jahren wurde dies bedacht. Da die meisten Menschen glaubten, dass Reparaturen komplizierte Eingriffe waren, die nur von spezialisierten Technikern durchgeführt werden konnten, musste das Konzept der Reparatur selbst im Kopf des Lesers neu definiert werden. Dies wird auf drei Arten gemacht:

- zuerst wird der Fernseher mit dem menschlichen Körper verglichen;

- dann werden kleine Anpassungen mit Warnsignalen oder Symptomen verglichen, die der Körper gibt, bevor er krank wird;

- schließlich wird behauptet, dass diese kleinen

Anpassungen nichts anderes als einfache Korrekturen an den externen Steuerelementen des Geräts sind.

Nach dieser Neudefinition werden alle diese Behauptungen glaubwürdig.

2. Eskalation für ein Produkt mit geringem Appeal

In diesem Fall haben wir ein Produkt, das als einfach zu verwenden anerkannt ist, aber nicht genügend Appeal hat, um einen Massenmarkt zu garantieren. Die Arbeit hier besteht darin:

- dein Produkt zu intensivieren, um es in den Augen des Prospects wichtiger zu machen;

- die Rolle, die es im Leben des Kunden spielt, neu zu definieren;

- die Vorteile, die das Produkt bietet, zu erhöhen und dessen Verwendung in zuvor nicht in Betracht gezogenen Bereichen zu demonstrieren.

3. Reduktion bei einem zu teuren Produkt

Hier ist deine Aufgabe, den Preis niedriger erscheinen zu lassen.

Um den Preis eines solchen Produkts zu schmälern,

musst du es mit noch teureren Produkten vergleichen, seinen wahrgenommenen Wert erhöhen und es als ein nicht zu verpassendes Schnäppchen kommunizieren. Zum Beispiel, in der Werbung für Premium-Kerzen zum Preis von 1,49 $ pro Stück genügte es zu sagen, dass sie 5 $ pro Stück kosten sollten, weil sie handgemacht sind. Der Preis von 1,49 $ erscheint sofort als ein Schnäppchen im Vergleich zum Ankerpreis (5 $).

10. Die Mechanisierung

Jeder respektvolle Copy agiert wie ein echter Dialog zwischen dem Copywriter und dem Prospect, indem er wohlüberlegte Reaktionen und Emotionen hervorruft. Parallel dazu weckt er Fragen im Prospect, auf die du antworten musst, idealerweise bevor sie gestellt werden; das Timing ist in diesen Fällen entscheidend. Und um dies zu tun, muss man sich in die Lage des Kunden versetzen.

Die Fragen, die ein Copy hervorruft, lassen sich in drei Kategorien einteilen:

- Informationsanfrage „Erzähl mir mehr". Du hast das Interesse des Lesers geweckt, jetzt musst du seine Neugier stillen;

- Beweisanfrage „Wer sagt das?". Der Prospect möchte dein Produkt, sucht aber nach Beweisen für seine Wahl;

- Mechanismusanfrage „Wie funktioniert das?". Der Kunde weiß, dass er das Endresultat, das du vorschlägst, möchte, aber jetzt will er wissen, wie du es ihm bereitstellen wirst.

Je nach Bewusstseinsniveau des Kunden wird die Menge des Mechanismus variieren, die du in den Copy einbauen musst. Wenn der Mechanismus bereits bekannt und akzeptiert ist, ist es nicht nötig, sich zu sehr darauf zu konzentrieren, du kannst von der Arbeit profitieren, die andere Werbetreibende vor dir geleistet haben.

Phase eins: Benennung des Mechanismus

Wenn der Mechanismus bereits bekannt ist, reicht es aus, ihn einfach zu benennen und die Konkurrenz beim Preis oder anderen Merkmalen zu schlagen. Es reicht aus, den Mechanismus zu nennen, ohne seine Funktionsweise erneut zu erklären, sonst riskierst du nur, den Kunden zu langweilen.

Phase zwei: Beschreibung des Mechanismus

Wenn der Mechanismus nicht benannt werden kann, weil er vom Publikum nicht verstanden wird, musst du ihn detailliert beschreiben. Du musst ein starkes Versprechen aufbauen und dann zum Grund übergehen, warum du das Versprechen halten kannst (Reason Why).

Die erste Regel des Mechanismus ist, dass es sich nicht um eine wissenschaftliche Diskussion handelt, da dies langweilig wäre. Du musst es mit Versprechen und Emotionen aufladen. Wenn 1926 die Aussage, dass ein Waschmittel den Schmutz wegfließen lässt, ausreichend war, würde der heutige wettbewerbsintensive Markt viel mehr Mechanismus, Erklärungen, Versprechen, vielleicht sogar eine Wunderzutat, die die Arbeit für dich erledigt, erfordern. Das führt uns zur dritten Phase.

Phase drei: Präsentation des Mechanismus

Was tun, wenn alle Versprechen gleich erscheinen und der Wettbewerb beim Preis untragbar wird? In diesem Fall muss der Mechanismus stark, verkaufbar sein und es wird empfohlen, ihn in die Headline einzufügen. *Z.B. „Das erste außergewöhnliche Medikament zum Abnehmen".*

Ein neuer Mechanismus, eine neue Möglichkeit, dein Verlangen zu erfüllen, auch wenn alle Alternativen, die du bisher ausprobiert hast, gescheitert sind.

Wenn die Menschen annehmen, sie wüssten, wie das Produkt funktioniert, oder wenn es so neu ist, dass es keinen Appeal hat, fasse den Mechanismus in einem Satz oder einem Wort zusammen.

Wenn das Publikum sich nicht sicher ist, wie es funktioniert, beschreibe den Mechanismus in der Sprache des Verkaufs, um Glauben zu erzeugen.

Wenn du schließlich einen starken oder dramatischen Mechanismus hast, kannst du eine Überlegenheit über die Konkurrenten etablieren, indem du den Mechanismus verkaufst.

Mechanismus und Preissenkungen

Manchmal kann ein Produkt selbst mit einer Preissenkung nicht verkauft werden, einfach weil der Grund dafür nicht gerechtfertigt ist. Ohne einen Mechanismus, den Grund, warum du dieses Angebot machen solltest, erreichst du nur einen Bruchteil des tatsächlichen Verkaufspotenzials.

Erkläre immer den Grund hinter der Preissenkung.

11. Die Konzentration

Wir haben bereits die Bedeutung des Verlangens als wesentliche Kraft hinter dem Verkauf eines Produkts gesehen. Je kommerzieller das Verlangen, desto größer der Markt, desto wahrscheinlicher ist es, dass du mit anderen Unternehmen im Sektor konkurrieren musst.

Der erste Weg, die Konkurrenz zu schlagen, ist zweifellos die Überlegenheit des Produkts; wenn du das beste Produkt herstellst, wird deine Werbung viel effektiver sein. Es ist auch wahr, dass selbst das beste Produkt einen ebenso effektiven Copy benötigt, um die Menschen zum Ausprobieren zu bewegen.

Daher der zweite Weg, die Konkurrenz zu schlagen: die Überlegenheit des Versprechens. Ein stärkeres, breiteres und glaubwürdigeres Versprechen.

Dritter Weg: die Rolle, die das Produkt erlaubt zu spielen (Status, Persönlichkeit usw.).

Vierter: die Fähigkeit, Mechanismen zu verbessern und neue Märkte zu erobern.

Fünfter: der direkte Angriff oder Konzentration. Diese letzte Technik unterscheidet sich von den anderen vier, da sie direkt die Konkurrenz angreift.

Die ersten vier Methoden ignorieren die Konkurrenz, konzentrieren sich auf die eigenen Vorteile, die eigene

Geschichte, den eigenen Mechanismus. Aus diesem Grund sind sie effektiver, wenn du bereits einen Sektor dominierst, wenn du loyalisieren möchtest oder wenn deine Geschichte so anders/stark/neu im Vergleich zu anderen ist, dass du nichts zu befürchten hast.

Wenn du jedoch das Bedürfnis hast, herauszustechen, könnte es nützlich sein, das Image deiner etabliertesten Wettbewerber zu zerschlagen, um das Verlangen auf dich umzulenken.

Was ist Konzentration

Es ist ein logischer und dokumentierter Prozess, um die Unwirksamkeit der Konkurrenten bei der Erfüllung des Verlangens deines potenziellen Kunden zu demonstrieren.

Es ist wichtig, dass du, jedes Mal, wenn du ein anderes Produkt angreifst, gleichzeitig die Wirksamkeit deines eigenen Produkts zeigst.

Greife nur die Schwächen an, die du füllen kannst, sonst erzeugst du nur Antipathie und Skepsis. Stelle Beweise bereit, um dem Kunden zu zeigen, dass dieser Angriff zu seinem Vorteil ist.

Beim Anwenden dieser heiklen Technik müssen alle anderen bisher gesehenen Techniken eingesetzt werden:

- die Intensivierung, um die Nachteile der weiteren Verwendung des alten Produkts zu zeigen;

- die Gradualisierung, um die logische Ursache der Schwächen und wie sie gelöst werden können, aufzuzeigen;

- die Mechanisierung, um zu demonstrieren, dass dein Produkt die Schwäche beseitigt;

- und so weiter...

12. Die Tarnung

Neben der Schaffung von Glaubwürdigkeit, wie wir bereits gesehen haben, sollte man diese auch ausleihen, wo immer möglich.

Wenn jemand eine Zeitung, eine Zeitschrift oder einen Fernsehkanal auswählt, tut er dies, weil er glaubt, dass dieses Medium ihm die Wahrheit sagt, er glaubt an seine Kommunikation. Solange Vertrauen in dieses Medium besteht, weiß der Werbetreibende, dass es eine ausgezeichnete Plattform für seine Werbung ist, weil ein Teil dieses Vertrauens auch auf die Werbebotschaft übertragen wird.

Um dies korrekt zu tun, müssen drei grundlegende Aspekte berücksichtigt werden:

1. Das Format. Es ist wichtig, sich an das Format des Mediums anzupassen, um die Werbung zu tarnen und sie fast ununterscheidbar von redaktionellen Inhalten zu machen.

2. Die Phraseologie. Es ist wichtig, die Sprache des Mediums zu verwenden und, wo möglich, stereotypisierte und stark von der Zielgruppe erkannte Phrasen zu nutzen.

3. Die Atmosphäre. Dämpfe die üblicherweise hypererregte Atmosphäre der Werbung. Sanfte Töne, weniger Adjektive, weniger

Superlative. Oder sei schamlos ehrlich; betone die Mängel des Produkts, um seine Vorzüge glaubwürdiger zu machen.

Schlussfolgerung

Dies sind nur einige der Regeln, die dir helfen können, eine effektive Anzeige zu erstellen, und es liegt an dir zu entscheiden, wie viele und welche du in jeder Situation verwenden möchtest (in manchen Fällen erfindest du deine eigenen).

Wichtig ist, nicht den Fehler zu machen zu glauben, dass das Erstellen einer Anzeige ein mechanischer und mathematischer Prozess ist, Kreativität ist immer wichtig in einem erfolgreichen Copy.

Eine weitere grundlegende Eigenschaft, die jeder Copywriter haben sollte, ist Empathie. Es ist der einzige Weg, das Publikum nicht zu langweilen, indem man sich darauf beschränkt, ein Versprechen auf das andere zu stapeln, zu verstehen, wann es Zeit ist, die Richtung zu ändern (Wendepunkte) und Einwände und Fragen vorherzusehen.

Anmerkungen

Wir haben beschlossen, dieses Buch zu übersetzen und zusammenzufassen aus zwei Gründen.

Der erste Grund ist für all jene erfahrenen Copywriter, die das Buch bereits besitzen, aber ein kurzes Handbuch benötigen, das sie misshandeln und immer griffbereit haben können, während sie das Originalbuch wie eine Reliquie bewahren (angesichts seines Preises!).

Der zweite Grund ist rein informativ. Wir sind sicher, dass einige es aufgrund seines Preises und seiner Seltenheit vermeiden werden, es zu kaufen, viele andere kennen seine Existenz nicht oder werden von der Flut modernerer und besser beworbener Bücher über das Thema angezogen.

Deshalb zielt diese Zusammenfassung nicht darauf ab, das Originalbuch von Eugene Schwartz zu ersetzen, sondern seine Verbreitung und Kenntnis zu fördern, um zu zeigen, dass es sich um ein sechzig Jahre altes Buch handelt, das sehr gut gealtert ist. Es ist ein Buch voller Beispiele, die, obwohl veraltet, perfekt die Idee aller aufgeführten Konzepte vermitteln, Beispiele, die wir in unserer Zusammenfassung nicht einbeziehen konnten und für die wir hoffen, dich davon zu überzeugen, die Originalversion des Buches zu kaufen. Es sind gut angelegte Gelder.

Das Team von Kompakt Verlag

www.ingramcontent.com/pod-product-compliance
Lightning Source LLC
Chambersburg PA
CBHW070947290526
45795CB00005B/1673